EXERCICE PUBLIC DE BIBLIOGRAPHIE

ESSAI D'ANNALES DE LA VIE DE JEAN GUTENBERG

INVENTEUR DE LA TYPOGRAPHIE

PROFESSEUR
JÉR. JACQUES OBERLIN
BIBLIOTHÉCAIRE
DE L'ÉCOLE CENTRALE DU DÉPARTEMENT DU BAS-RHIN.

RÉPONDRONT
MICHEL-JACQUES UNGERER, de Strasbourg.
JEAN-FRÉDÉRIC WIEGER, de Strasbourg.

A STRASBOURG

Dans la salle d'Actes de l'École centrale du Département du Bas-Rhin, le 18 Fructidor, depuis neuf heures du matin jusqu'à midi.

AN IX.

SANS titres on fait des romans; pour écrire l'histoire il faut des preuves authentiques, des monumens certains. Tels sont ceux que Kœhler *a*) et Schœpflin *b*) ont produits pour l'histoire de l'invention de la typographie.

Les plus remarquables de ces preuves sont :

I. Un acte d'accommodement fait par Conrad III, Archevêque de Mayence, en 1430, entre la noblesse et les tribus bourgeoises de Mayence.

Se trouve dans Kœhler.

II. L'acte par lequel Gutenberg a fait relâcher le greffier de la ville de Mayence, qu'il avoit fait arrêter pour des arrérages de rentes.

Se trouve dans les Vind. typogr. tiré du protocole des contrats de Strasbourg de 1434.

III. L'enquête ordonnée par le Sénat de Strasbourg dans le procès intenté à Jean Gutenberg par le frere d'un de ses associés mort en 1439.

Elle a été découverte dans les archives par Schœpflin en 1745.

IV. La sentence rendue par le Sénat de Strasbourg dans ledit procès.

Jacques Wenker, Archiviste de Strasbourg, la trouva dans le protocole des contrats de 1439.

V. Deux actes de constitution de rentes pas-

a) *Ehrenrettung Johann Gutenbergs*, 4. *Leipzig*, 1741.
b) *Vindiciae typographicae*, 4.° *Argent.* 1760.

sés par Jean Gutenberg en 1441 et 1442, et conservés dans les livres saliques de S. Thomas de Strasbourg.

Le célebre Scherz, Docteur en droit à l'Université de Strasbourg, en communiqua en 1717 quelques extraits à des amis, qui les firent passer à Schelhorn. Celui-ci les publia dans ses *Amœnitates litterariae c*). On les lit en entier dans les *Vindiciae typographicae.*

VI. Les rôles d'impositions, dits *Helbeling-Zollbuch*, ou registres des impôts du liard, levés depuis 1439 jusqu'en 1445, à l'occasion de la guerre que nos chroniqueurs d'Alsace appellent *der armen Gecken*, des Armagnacs.

Schœpflin en a publié des extraits.

VII. La sentence arbitrale du Notaire de Mayence, Ulric Helmasperger, rendue le 6 novembre 1455, dans le procès entre Jean Faust et Jean Gutenberg.

Elle est tirée des archives de Mayence *d*).

VIII. Le diplôme par lequel l'Archevêque Adolfe reçoit J. Gutenberg parmi ses courtisans.

Kœhler l'a donné.

IX. La lettre du Docteur Conrad Humery, de 1468, par laquelle il reconnoît avoir reçu de

---

c) 8. *Frf.* 1725. *T. IV*, *p.* 304.

d) *V. Senkenbergii Selecta juris et historiarum T. I, et Kœhler p.* 54. *Fournier l'a donnée en français dans son Traité de l'origine et des productions de l'imprimerie primitive en taille de bois ; 8. Paris* 1759. *p.* 116.

l'Archev. Adolfe les presses et instrumens délaissés par Jean Gutenberg.

Kœhler l'a publié, de même que Joannis *e*).

A ces pieces se joignent deux titres très-importans, qui viennent d'être découverts par le cit. Bodman, Professeur de législation et Archiviste de Mayence. Ce sont :

X. Une lettre adressée en 1424 de Strasbourg par Jean Gutenberg à sa sœur Berthe, religieuse de Ste. Claire à Mayence.

Le cit. Fischer, Professeur et Bibliothécaire à Mayence, se propose de la publier en original. En voici en attendant la traduction :

A la digne religieuse Berthe au couvent de Ste. Claire de Mayence, salut et souhait amical et fraternel. Chere sœur. Sur ce que vous me marquez, que vos rentes et argent, qui vous ont été légués par Conrad notre frere, Dieu lui soit propice! par son testament, ne vous ont pas été payés souvent et depuis long-temps et qu'ils vous sont dûs encore, et se montent, comme vous dites, à une somme considérable, je vous fais savoir, que vous pourrez prendre et toucher contre votre quittance, la somme de vingt florins (*d'or*) *de mes rentes et revenus, placés, comme vous savez, à Mayence et en autres lieux sur Jean Dringelter le ciergier, et sur Véronique Meystersen à Seilhoven, à Mayence et en plusieurs autres lieux, comme Pedirmann pourra vous l'apprendre, à Lorzwiller et à Bodenheim et à Mu-*

e) *Scriptores rer. Mogunt. Tom. III, p.* 424.

minheym. Je me propose, s'il plaît à Dieu, comme j'espère de vous revoir dans peu, d'arranger l'affaire avec Pedirman, pour que votre bien vous soit délivré promptement de la maniere qu'il vous est légué et constitué. J'attends d'abord là-dessus votre réponse. Donné à Strasbourg, feria quinta post Dominicam Reminiscere (*le* 24 *Mars*) *mccccxxiiij.*

Signé *Henne Genszfleisch, dit Sulgeloch.*

Au dos de la lettre on lit :

A la digne et respectable religieuse sœur Berthe Genszfleisch de Sulgeloch, religieuse à Ste. Claire de Mayence.

XI. Un acte passé par Jean et Friele Genszfleisch, freres, le jour de Ste. Marguerite 1459, du consentement de leurs cousins Henne, Friele et Pedirmann, en faveur du couvent de Ste. Claire de Mayence.

Cet acte a été publié par le susdit citoyen Fischer *f*). En voici la traduction :

Nous Henne (*Jean*) *Genszfleisch de Sulgeloch, nommé Gudinberg, et nous Friele Genszfleisch, freres, affirmons et déclarons publiquement par les présentes et savoir faisons à tous, que, du conseil et consentement de nos chers cousins Jean et Friele et Pedirmann Genszfleisch freres à Mayence, avons renoncé et renonçons par les présentes pour nous et nos hoirs simplement, totalement et à la fois, sans fraude ni ruse, à tout le bien qui a passé*

f) *Dans un traité qui a pour titre : Beschreibung einiger typographischen Seltenheiten, nebst Beytrægen zur Erfindungsgeschichte der Buchdruckerkunst.* 8. *Maynz* 1800.

par notre sœur Hebele au couvent de Ste. Claire de Mayence, dans lequel elle s'est faite religieuse, soit que ledit bien y soit parvenu de la part de notre pere Henne Genszfleisch, qui l'a donné lui-même, ou de quelle maniere que le bien y soit parvenu, soit en grain, argent comptant, meubles, bijoux ou quoi que ce soit, que les respectables religieuses, l'Abbesse et les sœurs dudit couvent ont reçu en commun ou en particulier, ou d'autres personnes du couvent (ont reçu) de ladite Hebele, peu ou beaucoup, et avons promis et promettons par les présentes de bonne foi pour nous et nos hoirs, que ni nous, ni personne de notre part, ni encore les susdits nos cousins, ni aucun de leurs héritiers, ni personne de leur part, ne redemanderont ni réclameront dudit couvent, ni de l'Abbesse, ni du couvent en commun ou des personnes qui s'y trouvent en particulier, ledit bien quel qu'il soit, ni à la fois, ni par partie, et que nous ne le redemanderons jamais, soit par le juge ecclésiastique ou civil, soit sans le secours du juge, et que ni nous ni nos hoirs ne molesterons jamais ledit couvent, soit par des paroles, soit de fait, ni en secret, ni en public, d'aucune maniere. Et, quant aux livres que moi, Henne susdit, ai donnés à la bibliotheque du couvent, ils doivent y rester toujours et à perpétuité, et je me propose, moi Henne susdit, de donner aussi sans fraude à l'avenir audit couvent pour sa bibliotheque, à l'usage des religieuses présentes et futures, pour leur religion et culte, soit pour la lecture ou le chant, ou de quelle maniere elles voudront s'en servir d'après les regles de leur ordre, les livres que moi Henne susdit ai déjà imprimés à cette heure, ou que je pourrai imprimer à l'avenir, en tant qu'elles voudront s'en servir; et pour ceci l'Abbesse susdite, ses successeurs et religieuses dudit couvent de Ste. Claire, se sont déclarées et ont promis de me laisser quitte moi et mes hoirs de la prétention qu'avoit ma sœur Hebele des 60 florins que moi et mon frere Friele susdits avons promis de payer et délivrer à ladite Hebele, pour sa dot et sa part provenant de la maison que Henne notre pere lui a assignée pour sa part, en vertu des lettres qui ont été dressées là-dessus, sans fraude ni ruse. Et pour que ceci soit tenu par nous et par nos hoirs fermement et en son entier, nous avons donné auxdites religieuses et à leur couvent et ordre les présentes lettres scellées de nos sceaux. Fait et donné l'an de la naissance de J. C. 1459, le jour de Ste. Marguerite.

Il y a quatre sceaux; celui de Pedirmann manque.

Ces dernieres découvertes nous autorisent à espérer, que des recherches réitérées dans les archives de Mayence ne manqueront pas de fournir encore d'autres renseignemens pour éclaircir un point d'histoire aussi intéressant. Les savans Professeurs de Mayence ne pourront pas mériter mieux de la chose publique.

Les témoignages rendus à Jean Gutenberg par plusieurs auteurs du premier siecle de la typographie méritent d'être comparés avec les documens cités. Kœhler et Meerman *g*) en ont publié des extraits. Les principaux sont : Pierre Schœf-

---

g) *Dans ses Origines typographicae*; 4.° *Hagæ Com.* 1765.

fer *h*), le chroniqueur de Cologne de 1499; un autre de Mayence, cité par Serarius *i*); Jean Tritheme *k*); Jacques Wimpfeling de Selestadt *l*); Jean Schœffer *m*); Jean Arnold, correcteur dans une imprimerie de Mayence au 16.e siecle, né à Bergel en Franconie, nommé de là *Bergellanus n*); Daniel Speckle, architecte de Strasbourg au 16.e siècle *o*); Jean Thurmaier, né à Avensberg en Bavière, appelé *Aventinus p*). A ces auteurs Allemands ajoutez des Italiens, J. Phil. de Lignamine *q*); Mathias Palmerius de Pisa *r*); Jac. Phil. Bergomensis *s*); Baptista Fulgosus *t*); M. Ant. Coccius Sabellicus *u*); de même que des Espagnols, Petrus Mexia *v*), et Alexius Venega de Busto *x*). Le pere Placide Sprenger *y*), Bénédictin et Bibliothécaire de Banz, vient de publier

---

h) *In carmine ad calcem Institutionum Justiniani; fol. Mog.* 1468. *Et dans Tritheme.*

i) *RR. Mogunt. L. I, c.* 38; *répété par Joannis T. I.*

k) *In Annalibus Hirsaugiensibus ad ann.* 1450.

l) *In Epitome RR. Germanicarum, edita a.* 1502. *Item in Catalogo Episcoporum Argent. et in fine Memoriae Marsilii ab Inghen,* 4. *Heidelb.* 1499.

m) *Dans sa dédicace de la traduction allemande de Tite-Live de* 1505.

n) *In Encomio Chalcographiae,* 4. *Mog.* 1541.

o) *Dans sa Chronique Allemande manuscrite, conservée aux archives de Strasbourg.*

p) *In Annalibus Bojorum, libro* 7.

q) *In Chronico. fol. Romae,* 1474.

r) *In continuatione Chronici Eusebiani; fol. Venet.* 1483.

s) *In Supplemento Chronicorum; fol. Venet.* 1483.

t) *Libro* 8.vo *Dictorum factorumque memorabilium, ante annum* 1494.

u) *In Histor. universali lib.* 6, *Enneade X.*

v) *En sylva de varia leccion, edita Hispali* 1542.

x) *En su diferencia de libros etc.* 4. *Toledi* 1516.

y) *In Aelteste Buchdruckergeschichte von Bamberg;* 4. *Nürnb.* 1800.

encore les éloges donnés dans les premiers temps à Jean Gutenberg par deux Professeurs de l'Université de Heidelberg.

Il les a trouvés dans un vieux code ms. de l'abbaye de Seligenstadt. Le premier contient treize distiques et porte le titre suivant : *Ade Vernheri Temarensis panegyris ad Johannem Gensfleisch, primum librorum impressorem*, et commence ainsi en travestissant le nom de Gensfleisch en Latin.

Ansicaro vigili prestantior ansere, Romam
Qui monuit, Gallos limine inesse canens, etc.

Gensfleisch est préféré ensuite aux plus grands génies inventifs de l'antiquité; le huitieme distique est celui-ci :

Tanti est, te literis sculpta excudisse metalla,
Que effundant fidas tam cito pressa notas.

On lit à la fin : *ex Heidelbergo III kal. decembris* 1494.

Il faut observer, que le nom de *Gensfleisch* est composé de *Gans*, oie, et *Fleisch*, chair.

Voici le titre du second éloge : *Ad Johannem Gensfleisch, impressorie artis inventorem primum, Johannis Herbst Luterburgensis panegyris.* Celle-ci a six distiques. Le poëte nomme encore Gensfleisch *Ansicaro*, et dit assez plaisamment, que Mayence a produit une vigne, qui a poussé un nouveau bourgeon, et une belle oie, dont la chaire est faite pour nourrir tous les hommes :

Vitem, que Mogano Rhenique liquore rigatur,
Te (puto), te gemmam parturiisse novam.
Anserem et egregium, qui carnem protulit illam,
Qua laute exultans se cibat omnis homo.

A la fin on lit : *Ex Heidelbergo III nonas decembris.*

On voit par tous ces témoignages, que, si la gloire de Gutenberg a été obscurcie dans la suite par l'affectation qui regne dans les formules finales de Faust et Schœffer *z*), et par les prétentions des fauteurs de Mentelin, tels que Speckle, Schrag *a*) et autres, et surtout de Jacques Mentel, Docteur dans la faculté de Médecine de Paris *b*), le siecle même de Gutenberg a su rendre justice à son mérite.

1400. Vers cette année, *Henne* (Jean) *Gænsfleisch de Sulgeloch, nommé Gutenberg,* paroît être né. Sa ville natale est Mayence; son pere s'appeloit *Henne*, sa mere est inconnue. Il épousa à Strasbourg *Anne*, dite *à la porte de fer.* Il eut deux freres, l'un *Conrad*, mort avant 1424, l'autre *Friele*, qui vivoit encore en 1459; deux sœurs, *Berthe* et *Hebele*, religieuses de Ste. Claire à Mayence. Son oncle *Friele* eut trois fils, en vie encore en 1459, *Henne*, *Friele* et *Pedirmann*.

Cette généalogie nouvelle résulte des documens N.° X et XI. Kœhler en avoit forgé une autre, arrangée sur des documens tirés d'archives, mais qui n'ont aucune liaison entr'eux. Selon lui le pere de

---

z) *V. Vind. typ. p.* 62 *sq.*

a) *V. Schilter in der zwoten Anmerkung zu Kœnigshoven Elsæss. Strasburgischer Chronik;* 4. *Strasb.* 1698.

b) *In Parænesi de vera typographiæ origine;* 4. *Parisiis*

Gutenberg a été *Friele Gænsfleisch*, mort en 1430; sa mere, *Else* (Elisabeth) *Wirich*. Kœhler a été suivi par la plupart des auteurs qui ont traité de l'invention de la typographie. J'observe en passant, que le cit. Bodman a trouvé, que le Friele de Kœhler et le Henne, pere de Gutenberg, avoient des armoiries différentes. Humbracht *c*) avoit donné à Gutenberg pour pere *Henri zum Jungen*, pour mere une *Langweit*, et pour freres Philippe et Henri. M. de Heinecke *d*) pensoit, que le pere pourroit être *Clas* ou Nicolas *Gensfleisch*, qui comparoît ailleurs comme pere d'un *Henne Gensfleisch der junge*, auquel Henne le comte Adolphe de Nassau et Diez conféra des fiefs en 1401 *e*). A savoir si ce Henne n'est pas le pere de notre Henne Gænsfleisch.

La famille des Gænsfleisch étoit patricienne. *Henne Gutenberg* est qualifié noble dans le document N.° I; — *Constofler*, N.° VI; — *Junker*, N.° VII; et Bergellanus, dans la préface de son *Encomion*, l'appelle *equestris dignitatis virtutisque nobilissimum*.

Jacques Mentel prétend que Gutenberg a été roturier et orfevre *f*). Serarius aussi lui dispute le rang de noblesse. *g*) C'est à tort qu'on a cru que l'exercice de la typographie y dérogeoit, et que Fournier prétend prouver par la noblesse de Gutenberg, qu'il n'a

---

c) *In Stammtafeln der Rheinischen Ritterschaft; fol. 47ste Tafel.*

d) *In Nachrichten von Künstlern und Kunstsachen; 8. Leipz.* 1769; *2ter Theil, p.* 295.

e) *V. Kœhler, p.* 74.

f) *In Excursu de typographia p.* 3; *et in tr. de vera typogr. origine*; 4.° *Paris* 1650, *p.* 5.

g) *L. c.*

pas été artiste. Jean-George Fugger nous apprend au contraire, que l'Empereur Fréderic III accorda des armoiries et des priviléges aux imprimeurs *h*).

Cette famille avoit une maison à Mayence nommée *zum Gænsfleisch i*). Elle en possédoit une autre, appelée *zum Gudenberg k*). Wimpfeling la nomme *domum boni montis*, et il ajoute qu'il s'y trouvoit de son temps *collegium Juristarum l*). Le nom de *Sulgeloch* ou *Sorgenloch* vient aux Gænsfleisch d'un village d'où ils étoient passés à Mayence *m*). Notre Gutenberg avoit apparemment aussi hérité d'une maison à Mayence, dite *zum Jungen n*). C'est là que la société typographique a été établie au rapport de Tritheme. Quand Gutenberg se nomme lui-même *Johann Gænsfleisch der junge o*), c'étoit sans doute pour se distinguer d'un *Gensfleisch senior*. Aussi se trouve-t-il entre les documens dans Kœhler à plusieurs reprises un *Gænsfleisch der Elter*.

Meermann s'en saisit pour en créer un frere à notre Gutenberg, et un voleur de l'attirail typogra-

---

h) *De l'origine et des productions de l'imprimerie primitive*, 8. *Paris*, 1759, *p.* 118.

i) *Oestreichischer Ehrenspiegel; L.* 5, *c.* 2, *p.* 529. *V. aussi Meerman, T. I*, *p.* 47.

k) *Kœhler, p.* 9. *Gudenus Codex diplom. T. II, p.* 524. *Würdtwein Bibliotheca Moguntina*; 4.° *Mog.* 1787, *p.* 36.

l) *Kœhler et Würdtwein, ll. cc.*

m) *Catal. Epp. Arg. p.* 110.

n) *Würdtwein, l. c. Joannis T. II, p.* 925.

o) *De Heineke in Neuen Nachrichten*; 1 *Th. p.* 239.

phique de son Laurent Coster *p*). Il profite, pour donner quelque couleur à son conte, de l'erreur de Wimpfeling et de quelques autres *q*), qui avoient distingué Jean Gutenberg de Jean Gænsfleisch pour en faire deux hommes. De Heineke l'a réfuté amplement *r*). Et Gutenberg lui-même se nomme dans les documens N.° V, *Johannes dictus Gænsfleisch, alias Gutenberg de Moguntia, Argentine commorans.* Cela prouve en même temps, qu'il a été né à Mayence. Ce qui a donné occasion à l'erreur, c'est qu'il s'est servi souvent de ces différens noms séparément.

Enfin Wood l'appelle *Tossanus s*), et Chevillier, *Toussaints t*), on ne sait pourquoi. Peu s'en faut que Seiz n'en fasse un chevalier de la Toison *u*).

Gutenberg étoit fort à son aise et avoit du bien. Cela se voit par les documens II, V, X et XI; Meerman a donc tort de le prendre pour pauvre et obligé de travailler comme ouvrier *v*).

1424. Gutenberg se trouve à Strasbourg; il paroît y avoir demeuré déjà depuis quelques années *x*). Le Bergellan dit aussi *y*) :

Quam veteres nobis Argenti voce notarunt,
A puero fertur sustinuisse virum.

---

p) *V. Cap.* 4.

q) *V. Schrag in Bericht von Erfindung der Buchdruckerey, dans Schilter, l. c.*

r) *In Nachrichten, p.* 284 *sq.*

s) *In Hist. et Antiquit. Universitatis Oxoniensis, p.* 226.

t) *Dans l'Origine de l'imprimerie de Paris, p.* 24.

u) *In Het derde Jubeljaer der uitgevondene Boekdrukkonst door Laurens Jansz Koster;* 8. *Te Harlem,* 1740; *p.* 71.

v) *T. I, p.* 92.

x) *V. Doc. N.° X.*

y) *Versu* 49.

1430. Il est hors de Mayence. L'archevêque Conrad III nomme z) *Henchin zu Gudinberg* parmi ceux de la noblesse, *die ytzund nit inlendig sint*.

1434. Gutenberg, à Strasbourg, fait relâcher, sur les instances du Sénat, Nicolas, greffier de la ville de Mayence, qu'il avoit fait arrêter pour une somme de 310 florins (d'or), qui lui étoit dûe par ladite ville à titre de rentes *a*).

1435. Meerman *b*) fait faire à Gutenberg le voyage d'Aix-la-Chapelle à la foire des miroirs et, à cette occasion, un tour à Harlem auprès de son prétendu frere, où il voit l'imprimerie de Laurent Coster. C'est un conte fait à plaisir.

1436. Gutenberg entre en société à Strasbourg avec André Dryzehn et quelques autres *c*).

1437. Gutenberg comparoît à l'officialité de Strasbourg, assigné par *Ennelin zur isern Thüre* (*Anne à la porte de fer*), à laquelle il paroît avoir promis le mariage, et qu'il épousa ensuite; car il se trouve sur les rôles des contributions une *Ennel Gutenbergen d*).

1439. Gutenberg est porté sur les cadastres des contributions à Strasbourg *e*).

---

z) *V. Doc. N.° I.*

a) *V. Doc. N.° II.*

b) *T. I, p.* 198.

c) *V. l'année* 1439.

d) *V. Doc. N.° VI, et Vind. typ. p.* 17.

e) *Ibidem.*

Seiz fait mal à propos voyager Gutenberg à Harlem pour s'y engager comme valet de Laurent Coster, afin de se mettre au fait de l'art typographique, et l'année suivante il le donne pour voleur de l'attirail de son maître *f*).

Procès intenté à Jean Gutenberg par George Dryzehn, dont le frere André venoit de mourir.

Il appert par le document N.° IV, qui comprend le précis du procès et la sentence rendue par le Sénat de Strasbourg, qu'il y avoit quelques années que Gutenberg avoit enseigné à André Dryzehn la polissure des pierres; — ensuite à Jean Riff un autre art, dont on devoit faire usage au pélerinage (*uff der Heiltumsfart*) d'Aix-la-Chapelle, lequel n'eut pas lieu; — que Gutenberg fit après cela une société avec les personnes susdites et André Heilmann, pour leur révéler tous ses arts et secrets tenant du merveilleux (*alle Kunste und Afentur*) à des conditions déterminées; — qu'André Dryzehn étant mort et Gutenberg refusant de recevoir les freres d'André Dryzehn dans la société, il fut condamné à payer aux héritiers du défunt ce qui leur revenoit d'après les termes de l'accord. Et par le document N.° III, qui comprend l'enquête, on voit que le principal de ces arts et secrets merveilleux étoit l'invention de la typographie; — que Gutenberg avoit une presse montée; — que dans cette presse il y avoit des formes fermées par des vis; — qu'en ouvrant ces vis on décomposoit (*zerlegte*) ces formes; — que cette décomposition démontre la mobilité des caracteres. Voici quelques

f) *V. son ouvrage p.* 162.

passages tirés de la déposition des témoins, qui prouvent ces assertions. *Sprach Lorenz Beildeck zu Claus Dritzehen, Andres Dritzehen vwer bruder selige hat iiij stücke vndenan in einer pressen ligen, da hatt vch Hanns Gutemberg gebetten, das ir die daruss nement vnd vff die presse legent von einander, so kan man nit gesehen was das ist... Item Cunrad Sahspach hatt geseit das Andres Heilman zu einer zit zu ime komen sy in kremer gasse vnd sprach zu jme lieber Cunrad als Andres Dritzehen abgangen ist da hast tu die pressen gemaht vnd weist vmb die sache do gang dohin vnd nym die stücke vsz der pressen vnd zerlege sü von einander, so weis nyemand was es ist... Lorenz Beldeck het geseit, das Iohann Gutenberg jn zu einer zit geschickt het zu Claus Dritzehen nach Andres sins bruders seligen dode vnd det Clausen Dritzehn sagen das er die presse die er hünder jm hett nieman oigete zoigete, das ouch diser gezug det, vnd rette ouch me vnd sprach er sollte sich bekumberen so vil vnd gon über die presse vnd die mit den zweyen würbelin vffdun so vielen die stücke von einander, dieselben stucke solt er dann in die presse oder vff die presse legen, so kunde darnach nieman gesehen noch ut gemercken... Dirre gezuge hat ouch gesait das er wol wisse das Gutenberg unlange vor wihnahten sinen kneht sante zu den beden Andresen alle formen zu holen und wurdent zurlossen das er esz sehe vnd jn joch ettliche formen ruwete... Do noch do Andres selige abegine vnd dirre gezuge wol wuste das lüte gern hetten die presse gesehen do spreche Gutenberg, sü soltent noch der pressen senden er forhte das man sü sehe, do sante er sinen knecht harjn sü zurlegen... Item Hans Dünne der goltsmyt hat geseit das er vor dryen joren oder doby Gutemberg by den hundert guldin abe verdinet habe allein das zu dem trucken gehœret.* Fournier, induit en erreur par un traducteur ignorant, a prétendu qu'il ne s'agit dans ces témoignages que de planches xylographiques. Il s'appuie du témoignage de Tritheme, qui rapporte, que Gutenberg, étant venu s'établir à Mayence, y fit avec Faust et sous le sceau du secret un livre intitulé Catholicon en planches fixes. Le Professeur Bær, autrefois aumônier de la chapelle de Suede à Paris, l'a très-bien réfuté dans un ouvrage anonyme *g*). Comment, dit-il, quatre planches mises dans une presse et serrées par des vis, pourroient-elles tomber en séparation dès qu'on relâche les vis ? Qui ne voit qu'elles resteroient en place à la différence près qu'elles ne seroient plus serrées ensemble ? et comment le public n'auroit-il pas pu deviner à quoi devoient servir des planches sur lesquelles il y auroit eu un texte gravé à revers ? Et puis *die Stüche zerlegen*, ne signifie point *séparer les planches*, mais *décomposer, disjicere.* Quant au Catholicon dont parle Tritheme, et aux ouvrages en planches fixes, faits à Mayence, il en sera parlé plus bas. Il ne vaut pas la peine, je pense, de relever l'opinion d'un autre, qui a prétendu que dans le procès de Gutenberg il pouvoit être question d'une autre espece d'imprimerie que de celle des livres.

---

g) *Observat. sur un ouvrage intitulé Vindic. typogr. par Fournier le jeune.* 8 *Paris* 1760. — *Lettre (du Prof. Bœr) sur l'origine de l'impr. servant de réponse aux observ. publiées par M. Fournier etc.* 8. *Strasb.* 1761. *V. aussi Gerardi Meermann origines typogr. v.* 191 *; et de Stad Haarlem en haare Geschiedenissen door G. W. van Oosten de Bruyn. fol. te Haarlem* 1765 *; p.* 245.

Les caracteres employés à cette imprimerie étoient sculptés en bois. Speckle les a vus au 16.e siecle; ils étoient percés de côté pour pouvoir être enfilés *h*).

Scriver *i*), Marchand *k*) et d'autres, doutent que jamais on ait pu imprimer avec des caracteres sculptés en bois. Meerman *l*) en a montré la possibilité, et le cit. Camus a fait tailler en bois les lettres mobiles de deux lignes de la Bible de Gutenberg, qui soutiennent l'effort de la presse. Fournier *m*) accorde tout au plus, que la mobilité des lettres de bois puisse s'étendre jusqu'au Gros-romain; et Marchand observe que les caracteres de bois seroient sujets à s'enfler à l'eau du nettoyage, à se courber en se séchant et à s'écorner ou se casser bien vîte, et qu'on ne pourroit les employer qu'à des éditions faites entierement de gros caracteres ou de lettres capitales, comme le sont celles des titres de livres ou de leurs affiches.

Il paroît encore, que Gutenberg a employé ou tenté d'employer des caracteres de plomb, peut-être avec quelque alliage *n*). Voici le passage du Document N.° VII, qui semble l'indiquer: *So were auch Andres Drytzehen an vil enden dò sie bli vnd anders das darzu gehört kaufft hettent, bürge worden, das er auch vergolten vnd bezahlt hette.* Le premier atelier d'imprimerie à

---

h) *V. aussi Laguille, Histoire d'Alsace, T. I. p.* 334.
i) *In Laure-crans, p.* 9 *sq. V. aussi Meerman, p.* 74.
k) *Dans l'histoire de l'imprimerie, p.* 20.
l) *Tome I, p.* 25.
m) *Dans ses observations sur les Vindiciæ, p.* 8.
n) *Vind. typ. p.* 21.

Strasbourg étoit monté au parc (*zum Thiergarten*), où se trouve aujourd'hui l'école centrale *o*).

La tradition de cette imprimerie montée à Rauschenbourg *p*) peut venir d'un mal-entendu *q*).

On doute que Gutenberg ait publié des livres à Strasbourg ; cela est cependant probable, parce qu'il avoit dans cette ville une presse toute montée avant 1439, et qu'il y est resté encore cinq ans. Il pourroit bien avoir émis quelques-uns de ces livrets dont l'inégalité des lettres et la rudesse du travail font voir un art naissant. Schœpflin croyoit pouvoir lui en attribuer quelques-uns *r*). Les passages rapportés démontrent clairement qu'on y a imprimé.

1441 et 1442. Gutenberg passe au profit de la collégiale de S. Thomas des actes de constitution de rentes, provenant de son oncle Jean Leheymer nommé Rihter, c'est-à-dire juge (il étoit juge séculier à Mayence *s*).

1443 et 1444. Gutenberg est porté encore sur les cadastres des contributions *t*) à Strasbourg.

Kœhler *u*) confond *Henne Gensfleisch senior*, avec notre *Gutenberg*, dans différens actes des années 1443 - 1445. Il prétend encore, que Gutenberg est appelé dans les actes *Gensfleisch der alte*, mari de

---

o) *V. Speckle et Laguille, ll. cc.*

p) *V. Franc. Irenicus in Exegesi Germaniae, T. II, c.* 47.

q) *V. Schœpflini Alsatia illustrata, T. II, p.* 237.

r) *V. Sa Dissert. dans les Mémoires de l'Acad. des inscr. T.* 17, *p.* 770; *et Vind. typ. p.* 39.

s) *V. Document N.° V.*

t) *V. Document N.° VI.*

u) *P.* 14, 67, 82, 83. *Le P. Sprenger adopte cette opinion, p.* 4.

Catherine, et qu'il convient de le distinguer de *Gensfleisch der Elter*, descendant de *Nicolas* son cousin. Je laisse aux citoyens Professeurs de Mayence à éclaircir ce point.

1445-1450. Gutenberg de retour à Mayence s'occupe de nouveau d'impression.

Jean Schœffer, dans la dédicace de Tite-Live, traduit en allemand et imprimé en 1505, atteste, que Jean Gutenberg a inventé la typographie à Mayence en 1450, et qu'elle a été perfectionnée par Jean Faust et Pierre Schœffer à Mayence *x*).

Meerman *y*) abuse d'un passage de Tritheme pour arranger, dès l'arrivée de Gutenberg, une société entre lui, Gensfleisch l'aîné, son prétendu frere, Faust, Meydenbach et autres. Mais le Gensfleisch senior de Meerman est un être fictif; Meydenbach est nommé par Sébastien Münster z) et par un anonyme dans Serarius, comme aide de Jean Gutenberg; mais le temps n'est pas déterminé. Je ne sais où de Heinecke a trouvé que ce Meydenbach est venu en 1444 avec Gutenberg à Mayence *a*).

On nomme parmi les premiers ouvrages imprimés à Mayence:

L'alphabet gravé sur une planche à l'usage des écoles.

---

x) *V. Meerman*, *T.* 2, *p.* 145.

y) *V. T. I*, *p.* 179.

z) *V. sa Cosmographie*, *L.* 3, *c.* 180.

a) *Dans l'Idée générale d'une collection complète d'estampes*, 8.° *Leipzic*, 1771, *p.* 286.

Jean Fréderic Faust d'Aschaffenbourg, confondant les personnes, l'attribue à Jean Faust au lieu *b*) de Jean Gutenberg.

Alexandri Galli doctrinale et Petri Hispani tractatus logicales.

Hadrianus Junius (*Jong*) *c*) prétend, que Gensfleisch senior imprima ces livres en 1442, avec les caracteres volés à Harlem; Meermann repete cette assertion : mais le vol n'est pas prouvé, et l'imprimerie de ce Gensfleisch senior est une fiction.

Donati Grammatica.

La Chronique de Cologne de 1499 assure, que la premiere impression de Mayence a été celle du Donat à l'imitation de celui de la Hollande. Cette tradition est confirmée par une note d'Accursius *d*). Il s'agit de savoir s'il existe encore un Donat de cette fabrique de Gutenberg. Fournier *e*) ne peut se le persuader.

Meerman a publié *f*) des fragmens de trois éditions différentes, découverts de son temps, dont il attribue deux à Coster avant 1440, le troisieme à ses héritiers. Il en a présenté des épreuves. Il pense que ces livres étoient imprimés en caracteres mobiles sculptés en bois; mais il n'est pas prouvé qu'on se soit servi de caracteres mobiles avant l'invention de Jean Gutenberg. Aucun auteur Hollandois avant

---

b) *V. Kœhler, p.* 90.

c) *In Batavia, p.* 253. *Cf. Meerman, T.* 2, *p.* 89 *sq.*

d) *Ce témoignage a été conservé par Angelus Rocha, in Appendice ad Bibliothecam Vaticanam. Rom.* 1591, *p.* 410. *Cf. Meerman, T.* 2, *p.* 214.

e) *De l'origine de l'imprimerie, p.* 184.

f) *V. T. II, p.* 128.

Junius ne l'a avancé de Coster, et la *typographia Laurentiana* ressemble encore à une fiction *g*). Il est cependant croyable que la xylographie a été en usage de bonne heure en Hollande, de même que dans la Belgique, quoique la prétention de Des-Roches, qui croit avoir trouvé tout un corps d'imprimeurs de livres à Anvers en 1442, et qui rapporte l'invention à un van Vaelbecke, Brabançon du 14.e siècle, ne soit aucunement admissible *h*).

Des fragmens de trois éditions différentes viennent d'être trouvés à Mayence par les cit. Bodmann et Fischer. Celui-ci en donne la description, accompagnée de gravures qui en représentent des épreuves. Ces éditions sont différentes encore de celles publiées par Meerman. Le cit. Fischer n'hésite point à attribuer ces trois fragmens à Gutenberg depuis son retour à Mayence jusqu'en 1449 ou 1450, avant sa société avec Faust. Le premier est un monument de xylographie. L'égalité des lignes, l'inégalité des lettres, leurs angles tranchans, certains petits traits fins qu'on observe entre les lignes par-ci par-là, et la différence sensible du point ou de l'accent sur les *i* démontrent, que ce Donat a été gravé sur des planches; les caracteres approchent, quant à la forme, de ceux que l'on trouve dans les missels. Au reste le travail décele une main hardie, ferme et exercée, telle qu'on doit la supposer à un homme qui avoit travaillé pendant 20 ans à Strasbourg.

g) *V. de Heinecke Nachr. p. 302; et Des-Roches, dans une diss. sur l'invention de la typographie, lue à l'Académie de Bruxelles en 1777.*

h) *V. Breitkopf über die Erfindungs-Geschichte der Buchdruckerkunst; 4. Leipzig, 1779, p. 25; où il réfute encore deux autres nouvelles opinions sur cet objet.*

Schœpflin *i*) croyoit que Gutenberg n'avoit jamais mis la main à l'œuvre, qu'il n'avoit fait que diriger le travail. Le document N.° XI prouve le contraire.

Schœpflin trouve encore invraisemblable, qu'après avoir inventé les caracteres mobiles, Gutenberg se soit amusé de nouveau à graver sur planches *k*); mais il n'y a rien là d'impossible, et l'abbé Trithème rapporte, d'après le dire de Pierre Schœffer, que le premier Catholicon a été imprimé à Mayence à la maniere xylographique. Le cit. Fischer ajoute par conjecture, que, cherchant à trouver des associés pour une grande entreprise typographique, Gutenberg aura voulu faire preuve de son art, dans les différens genres d'imprimerie.

Le second fragment du Donat, décrit par le cit. Fischer, montre des caracteres isolés, sculptés séparément, et selon toute apparence en bois. L'inégalité des lignes et des lettres, quelques-unes de ces lettres taillées ensemble, et surtout d'autres renversées, ne permettent point d'en douter. Paulus Pater a vu de ces caracteres sculptés en bois à Mayence *l*). Ces caracteres, dont les angles sont plus émoussés, sont fort gros et ont deux lignes de hauteur; ceux du premier en ont une et demie; ceux du troisieme n'en ont gueres plus d'une.

Les caracteres du troisieme fragment sont taillés, d'après l'opinion du cit. Fischer, en métal. Ce qui le lui persuade, c'est le tranchant vif des angles. A savoir s'il ne pourroit pas être obtenu également en

---

i) *Vind. typogr. p.* 22.

k) *Ibid. p.* 28.

l) *V. son Traité de arte typographica, p.* 10; *item Bergellanus in praefat. Carm. et Serarius, C.* 1, *p.* 38.

bois. Pour ce qu'il ajoute que beaucoup de syllabes, telles que, ge, gi, go, gu, te, to, tu, da, de, di, ce, ci, ont été taillées ensemble, cela a été pratiqué de même dans les caracteres taillés en bois. Il est à remarquer au reste, que les initiales, quoique différentes en grandeur, sont très-ressemblantes dans les trois éditions.

1450. Gutenberg s'associe Jean Faust ou Fust, homme riche; ils entreprennent l'impression d'une Bible latine. Faust en fait les fonds. L'atelier est monté à la maison dite *zum Jungen* m).

Cette dénomination de la maison, à ce que Kœhler pense *n*), a donné occasion à la méprise d'Aventinus *o*), qui nomme Gutenberg *ministrum*, aide ou domestique de Faust, dont il a révélé le secret dix ans après. *Jung* signifiant en allemand un garçon ou apprentif, n'est-il pas plus naturel de croire que cette idée-là est venue du surnom, *der Junge*, donné à Gutenberg?

Il y eut un accord dressé entr'eux, dont on trouve les articles dans l'acte du notaire Helmasperger; il en sera parlé ci-après.

Par cette convention Faust promit à Gutenberg de lui avancer la somme de 800 florins (d'or) à 6 pour cent d'intérêts, avec lequel argent Gutenberg prépareroit et feroit ses ustensiles, lesquels seroient engagés à Faust, qui de plus lui donneroit 300 fl. (d'or) pour les frais, comme aussi pour les gages

m) *V. Tritheme, l. c. dans Kœhler, p.* 46.
n) *p.* 67.
o) *Aventinus dans Meerman, T.* 2, *p.* 158.

des domestiques, le loyer, le chauffage, le parchemin, le papier, l'encre etc., et que, si à l'avenir ils ne s'accommodoient point, Gutenberg lui rendroit ses 800 fl. et ses outils seroient dégagés. Il est entendu que le profit du travail seroit partagé entre les deux associés.

Tritheme rapporte que le premier ouvrage de la société a été un vocabulaire ou *Catholicon* imprimé sur des planches de bois.

Fournier *p*) croyoit mal à propos, que c'étoit le volumineux Catholicon de Jean de Balbis de Genes. De Heinecke *q*) pense que le chroniqueur vouloit parler du Donat, dont il existoit deux planches vermoulues chez l'académicien Morand à Paris, et dont Foucault, conseiller d'État, avoit fait acquisition en Allemagne. Ce Donat étoit in-quarto; de Heinecke *r*) en a fait imprimer les cinq premieres lignes, et Debure les deux planches entieres *s*). Les lettres sont des caracteres de missel et du même type que celui de la Bible que Heinecke croit être la premiere, et semblables à celles du Psautier de 1457; quoiqu'elles ne soient pas de la même grandeur. Aussi, à considérer la forme de ces caracteres, on diroit qu'elle est due à la calligraphie de Pierre Schœffer, arrivé de Paris à Mayence vers 1450 *t*). M. de Heinecke ajoute, que, si Gutenberg et Faust ont commencé leur opération par un monument de xylographie,

---

p) *De l'origine etc. p.* 186.
q) *Dans l'idée gén. p.* 258, *et dans les Neue Nachr. p.* 221.
r) *Dans l'Idée gén. p.* 256.
s) *Dans le catalogue de la biblioth. du Duc de la Vallière, T. II, p.* 8.
t) *V. Vind. typ. p.* 31.

c'étoit apparemment pour produire un meilleur type que celui qui avoit paru jusqu'alors, et que cependant ils travailloient à des lettres mobiles pour l'impression de la Bible.

La Bible latine attribuée à Jean Gutenberg a été le sujet des plus grandes contestations.

Chaque possesseur de quelque ancienne Bible latine sans date a prétendu avoir cette premiere. La chronique de Cologne dit formellèment, qu'on la commença en 1450, et que les lettres ont été semblables aux caracteres de missel. On ne peut donc reconnoître pour Bible de Gutenberg et Faust, que celle qui présente des caracteres de missel *u*). Celle que l'abbé Sallier avoit décrite *x*), et dont Fournier *y*) a plaidé la cause contre Clément *z*), ne peut point entrer en concurrence. Il y en a deux autres qui se disputent le rang.

Schelhorn a donné *a*) la description d'une Bible latine sans date, imprimée en grands caracteres de missel, dont il offre une épreuve. Une autre épreuve en a été donnée par le Prof. Müller de Jena; celle-ci est répétée par Masch *b*), mais cette épreuve paroît bien informe. Cette Bible fol. max. a 870 feuilles, qu'on peut partager en trois volumes; chaque page a deux colonnes de 36 lignes. Elle se trouvoit chez Schelhorn et dans la bibliotheque ducale de Brunsvic,

---

u) *V. de Heinecke. Neue Nachr. p.* 226.

x) *Dans les Mémoires de l'Acad. de Paris, vol.* 14.

y) *De l'origine etc. p.* 193.

z) *Dans la Bibliothèque curieuse, T.* 4, *p.* 62.

a) *In Diatribe de antiq. bibliorum édit.* 4.° *Ulm* 1760; *et in Diatribe ad librum Card. Quirini de optimis scriptorum editionibus etc.*

b) *Bibliotheca sacra, T. III, p.* 65.

aujourd'hui à Wolfenbüttel, et dans celle de l'Université de Jena *c*). Meerman *d*) la croyoit sortie de la presse d'Ulric Zell à Cologne. Le cit. Camus, dans sa notice du recueil des quatre histoires *e*) imprimées en allemand par Albert Pfister à Bamberg en 1461, revendique la Bible en question à ce même imprimeur, à cause que les caracteres de l'impression sont les mêmes. Il est décidé, pour le dire en passant, par les recherches du cit. Camus et du P. Sprenger *f*), que le Fablier des *Minnesingers*, imprimé à Bamberg, dont la date paroissoit douteuse, comme je l'avois avancé dans une dissertation *de Bonerii gemma g*), est vraiment de 1461.

Quant à la Bible, la chose n'est pas aussi claire. Car d'abord, tout étonnant qu'il est de trouver un imprimeur hors de la ville de Mayence en 1461, il n'est cependant guere douteux, quoi qu'en dise le P. Sprenger *h*), que cet imprimeur ne soit sorti du premier atelier de cette ville. Ne se peut-il pas, et n'est-il pas probable, que la Bible a été imprimée à Mayence, et que Pfister en a imité les caracteres? Les caracteres de la Bible sont plus nets, dit-on, que ceux des quatre histoires; mais la fonte originale peut avoir été plus parfaite que la fonte imitée. Ajoutez que Pfister aimoit à mettre quelqu'inscription à la fin de ses ouvrages, ce que Gutenberg n'a jamais fait. Pourquoi Pfister auroit-il laissé sa bible sans épigra-

---

c) *Panzer, Vol. III, p.* 136.
d) *In Conspectu, p.* 44.
e) *Publiée à Paris, l'an* 7.
f) *L. cit. p.* 12.
g) 4.° *Arg.* 1782.
h) *L. c. p.* 9.

phe? Si cependant le passage de Paul de Prague, tiré d'un manuscrit de Cracovie et rapporté dans la Bibliotheque Polonoise *i*), est vraiment de 1459, il n'y auroit, je pense, plus de replique; mais il ne s'en suivroit pas encore, que cette bible de Pfister fût antérieure à cette autre, que l'on croit appartenir à Gutenberg. Il est assez naturel que l'ouvrage du maître a précédé celui de l'éleve.

Cette autre Bible a deux volumes in-folio, et elle a 637 feuilles en deux colonnes; les quatre premieres feuilles ont 40 lignes par colonne, les suivantes en ont 42; le caractere est celui de missel, mais plus petit et plus net que celui de la Bible dont nous venons de parler; il ressemble à celui du Psautier de 1457 *k*). Meerman *l*) pense que c'est là la Bible de Mayence. Debure est du même avis *m*).

Fournier s'y est opposé *n*). Cette Bible se trouve sur vélin chez le roi de Prusse à Berlin *o*). Il y en a un exemplaire au college de Mazarin *p*), et deux autres à la bibliotheque nationale à Paris. De Heinecke *q*) l'avoit trouvée aussi chez Girardot de Préfond. Elle existe de plus dans la bibliotheque de l'Université de Leipsic. Ce qui paroît favorable à l'opinion que c'est

---

i) *Polnische Bibliothek, 9tes Heft, 8. Warschau, 1788; recensirt in der Jenaischen litt. Zeitung 1791, N.° 258; et dans le Histor. litt. Magazin de Meusel cah. 7, 1794, p. 22.*

k) *V. Panzer, p. 137.*

l) *Dans le Conspectus p. 45, et dans l'index de ses Origines, T. II, p. 285.*

m) *Bibliographie instructive. Théologie, n. 25.*

n) *Dans l'année littéraire, 1764; et dans le Journal des savans, édit. d'Amst. 1764, p. 264.*

o) *Berlin. Bibliothek, T. I, p. 269.*

p) *Meerman in Consp. p. 43; Debure, l. c.*

q) *Neue Nachr. p. 231.*

là la Bible de Gutenberg et Faust, c'est que Schwarz r) trouva, en 1728, dans un vieux catalogue manuscrit de la bibliotheque des Chartreux hors de Mayence, que Gutenberg lui-même avoit donné cette Bible à ces religieux, de même qu'à quelques autres dont les noms étoient inscrits dans ledit catalogue. Schwarz ajoute encore, que cet exemplaire a passé depuis en Angleterre. Au rapport de Meerman il y en a eu aussi un autre chez les Bénédictins à Mayence, *ad S. Jacobum in monte specioso*, lequel, au rapport que feu l'abbé Célestin en a fait au cit. Bodman, a été obtenu par des Bénédictins de S. Maur contre des SS. Peres de leur édition. C'est ainsi qu'elle a passé à Paris.

Enfin, le savant Bénédictin Dom Maugerard produisit en 1789 à l'Académie de Metz un exemplaire de cette Bible, dans lequel se trouvent des notes écrites, qui démontrent qu'elle a été publiée avant le Psautier de Mayence. Je tiens de Dom Maugerard lui-même le Mémoire qu'il a fait imprimer à ce sujet. On lit à la fin du premier volume de la Bible, écrit de la main de l'enlumineur : *Et sic est finis prime partis Biblie. Illuminata seu rubricata et ligata per Henricum Cremer, anno* 1456, *festo Bartholomei apostoli;* et à la fin du second volume le rubricateur ajoute, qu'il a achevé l'ouvrage le jour de l'Assomption de la même année. Il se trouve de plus sur le dernier feuillet de cette Bible une note écrite par Berthold de Steyna, vicaire de l'église paroissiale de Ville-Ostein, au diocese de Mayence, dans les envi-

---

r) *In indice novo veterum librorum*, *p.* 25; *et in primariis documentis de origine typographiae. Part.* 2, *p.* 4.

rons d'Erfurt, à la sacristie duquel cet exemplaire paroît avoir appartenu. Cette note porte que l'an 1457, le jour de S. George, a été chantée pour la premiere fois, par ledit Berthold, la messe du S. Sacrement. Zapf rapporte quelque chose de semblable *rr*).

L'Abbé Rive, autre célebre bibliognoste, attaché au Duc de la Valliere, avoit aussi promis de prouver par des monumens historiques très-solides, que cette Bible est le premier livre imprimé en caracteres de fonte dès l'établissement de la société, et qu'elle est sortie de la presse peu de temps avant le Psautier de 1457 *s*). Peut-être entendoit-il parler du même exemplaire dont parle D. Maugerard.

Les deux Bibles dont nous venons de parler, sont imprimées sur des caracteres de fonte; il seroit donc inutile dans cette supposition de demander, si la Bible de Gutenberg a été imprimée en caracteres sculptés en bois. Fournier l'a prétendu, mais il le pensoit de la Bible de Sallier; or il est reconnu que cette Bible appartient à Eggestein, et Heinecke *t*) est très-persuadé qu'encore celle-ci est imprimée en caracteres de fonte. Il ne peut croire que jamais ouvrage de quelque volume ait été imprimé en caracteres de bois. Il croit que Gutenberg et Faust n'ont employé que des lettres de fonte, et que déjà alors ils se sont servis de Pierre Schœffer, arrivé de Paris. Il pense que la difformité et la différence des lettres dans les anciens livres viennent de la maladresse des ouvriers, du peu de soin qu'ils avoient d'ajuster les caracteres fondus, et des moules informes faits par

---

r) *Aelteste Buchdruckergeschichte von Maynz.* 8. *Ulm.* 1790. *p.* 127.

s) *V. son prospectus d'un ouvrage proposé par souscription en* 1782.

t) *Dans l'idée gén. p.* 259.

des imprimeurs sortis de l'atelier de Mayence, d'après les lettres qu'ils avoient emportées, et dans lesquels moules ils fondoient des caracteres informes. Sur ce que Tritheme attribue à Gutenberg et à Faust des caracteres de bronze et d'étain faits à la main, Meerman croyoit que ces lettres étoient de celles qu'il appelle *sculpto-fusos*, et dont il attribuoit l'invention à Gensfleisch l'aîné. Heinecke observe là-dessus qu'il faudroit être bien imbécille, si, parvenu à fondre le corps de la lettre, on ne s'avisoit pas de fondre aussi la lettre même (raisonnement qui peut-être n'est pas bien juste). Quelque espece de caracteres qu'on admette, il n'est pas étonnant qu'au rapport de Pierre Schœffer, les frais de cette premiere impression soient montés à la somme de 4000 florins (d'or) avant que le douzieme feuillet fût achevé.

Aujourd'hui on convient assez généralement, que les deux Bibles en question sont imprimées en caracteres de fonte, et Heinecke a été d'avis que le Chroniqueur de Cologne pourroit bien avoir entendu, par la Bible de Gutenberg et Faust, le Psautier de 1457, dont l'impression auroit été commencée en 1450. Il faut espérer que l'ouvrage qu'on attend de feu M. Breitkopf, et un autre dont le cit. Camus s'occupe, tireront au clair ces matieres douteuses. En attendant on consultera sur ces Bibles Meerman *u*) et Masch *v*).

1454. Durant la société Gutenberg et Faust ont imprimé sans doute encore d'autres ouvrages.

---

u) *Dans son Consp. p. 43, et dans l'index de ses Orig. typogr. p. 284.*

v) *In Bibliotheca sacra 4, Halæ 1783, p. 65.*

C'est ainsi qu'on leur attribue une lettre d'indulgence de Nicolas V, accordée, le 12 Août 1451, à Paulin Zappe, conseiller et ambassadeur de Jean, Roi de Chypre, pour la défense de son royaume contre les Turcs. On peut consulter sur le fait Joannis *x*), Gudenus *y*) et Dominici Georgii vitam Nicolai V. P. M. *z*).

On connoît de cette lettre d'indulgence, imprimée sur vélin en forme de patente, quatre exemplaires. Schelhorn en a découvert et publié le premier *a*). Les caracteres sont un peu plus grands que dans le Durandi Rationale de 1459, et plus petits que dans la Bible latine de 1462. On lit à la fin : « Datum *Erffur-* « *die* sub anno Domini mccccliiij die vero *quinta* « *decima* mensis *novembris.* « Les noms des personnes auxquelles la lettre a été délivrée, sont écrits à la plume, de même que les mots mis en italique dans la signature. Heinecke *b*) rapporte que cet exemplaire a passé depuis à Meerman.

Le second exemplaire est tombé par hasard entre les mains du Professeur Gebhardi, qui l'a communiqué à Häberlin *c*). Cet exemplaire est plus complet, en ce qu'il se trouve à la fin la *forma plenissime absolutionis et remissionis in vita et in mortis articulo.* Le nom de la personne qui a contribué selon l'intention de la lettre, y est inscrit, et à la fin il y

x) *T. I, p.* 766.
y) *Cod. diplom. T. IV, p.* 309.
z) 4. *Romæ*, 1724, *p.* 99.
a) *Dans ses Ergœtzlichkeiten*, *p.* 372.
b) *Dans l'idée gén. p.* 261.
c) *V. ses Analecta medii aevi*, 8. *Norimb.* 1764; *p.* 565.

a : « Datum in *Luneborch* anno Domini mccccl « *quinto* die vero *vicesima sexta* mensis *Januarii.* » Les mots mis en italique sont encore écrits à la main. Heinecke, qui a vu cet exemplaire, assure qu'il y avoit auparavant mcccccliiij, et qu'on a substitué *quinto* à ces quatre traits iiij. Breitkopf *d*) paroît avoir encore du doute sur ce document; il faut voir si, dans l'ouvrage que nous attendons, il s'expliquera plus clairement là-dessus. C'est à tort que, dans la Gazette littéraire de Jéna *e*), on prétend que la lettre pourroit bien avoir été antidatée d'une dixaine d'années. Nicolas V est mort le 24 Mars 1455; ce qui prouve encore que la lettre a été imprimée durant la société, laquelle n'a été dissoute qu'après le procès jugé en Novembre de ladite année.

1455. Scission de la société.

Faust assigne Gutenberg en justice, pour répéter la somme de 2020 florins (d'or), provenant de 800 florins qu'il avoit avancés à Gutenberg, selon la teneur du billet de leur convention, dont il a été parlé plus haut; de même que d'autres 800 florins, qu'il avoit donnés à Gutenberg en sus sur sa demande, pour achever l'ouvrage, et d'autres 36 florins dépensés, et des intérêts qu'il lui avoit fallu payer, n'ayant pas lui-même les fonds suffisans. Gutenberg répliqua que les premiers 800 florins ne lui avoient point été payés selon la teneur du billet, tous et à la fois; qu'ils avoient été employés aux préparatifs du travail; qu'il s'offroit à rendre compte des derniers 800 florins; qu'il ne croyoit pas être tenu de payer les intérêts

d) *V. son ouvrage, cité ci-dessus, p.* 46.
e) 1789. *N.*° 167.

ni usure. Le juge ayant déféré le serment à Faust, et celui-ci l'ayant prêté, Gutenberg perdit sa cause et fut condamné à payer les intérêts, de même qu'autant du capital que le compte par lui rendu prouveroit qu'il en auroit employé à son profit particulier. Ce dont Faust demanda et obtint acte du notaire Helmasperger, le 6 Novembre 1455. Fournier en a donné une traduction Françoise *f*). Il paroît, d'après l'issue de ce procès, que Gutenberg, ne pouvant pas satisfaire au jugement, fut obligé de céder l'attirail de son imprimerie à Faust, à qui il l'avoit engagé, et dont la bonne foi est suspecte. Car d'abord il ne comparoît dans toute cette affaire que comme créancier de Gutenberg, dans l'intention de le soutenir et de l'aider dans ses entreprises, se mêlant ensuite de la besogne pour se mettre au fait de l'art; à quoi étant parvenu, il se met en possession des presses de Gutenberg, et s'en attribue depuis, dans les formules finales qu'il met à ses éditions, toute la gloire, sans faire la moindre mention de celui dont il avoit tant profité, et qui, par un excès de modestie très-déplacé, ne réclama point *g*). Heinecke *h*) donne pour raison qu'il avoit appris de Faust l'art de fondre les caracteres, et qu'auparavant il n'étoit jamais parvenu à rien imprimer. Il y auroit beaucoup à dire là-dessus.

Quelques auteurs ont confondu les personnages de façon à ne plus s'y reconnoître ; c'est ainsi que Salmuth *i*) et Seiz *k*) racontent que Gutenberg a été

---

f) *De l'Origine de l'Impr. p.* 116.
g) *V. Vind. typ. p.* 62 *sq.*
h) *Nachrichten p.* 310.
i) *In Dissert. de typogr. inventione.*
k) *P.* 134.

reçu en société par Faust, et qu'Aventinus *l*) dit que Gutenberg, homme riche, avoit aidé Faust de ses moyens.

Meerman pense *m*) que l'impression du Psautier de 1457 a été commencée pendant la société; si cela est, on pourroit croire que Faust a entamé le procès pour se débarrasser de Gutenberg, afin de s'approprier la gloire de ce chef-d'œuvre à lui seul.

1456. Gutenberg, dépouillé de sa presse, en remonte une autre, soutenu par le docteur Conrad Humery, syndic de Mayence.

Cela est prouvé par le Doc. N°. IX, tiré des archives de Mayence; c'est une lettre, datée du vendredi après la S. Mathias 1468, par laquelle Humery reconnoît avoir reçu, par ordre de l'Archevêque Adolphe, des formes, lettres, instrumens, outils et autres choses appartenant à l'imprimerie, lesquels effets avoient été sa propriété et que Gutenberg venoit de délaisser. Ajoutez encore l'acte rapporté ci-dessus, Doc. N.° XI. De plus, Jean-Phil. de Lignamine assure, en parlant de l'année 1458, qu'il y avoit alors deux presses à Mayence, celle de Jacobus Cutembergo, natif, comme il le pensoit, de Strasbourg, et de Fustus; et encore une troisieme à Strasbourg, de Jean Mentelin.

C'est de cette année 1458 qu'il s'est trouvé dans la bibliotheque du Duc de Pembrock un *Liber Dyalogorum Gregorii*, avec la rubrique déclarant que ce livre avoit été imprimé à Strasbourg par Gutenberg; mais Palmer est suspecté de fraude *n*).

l) *In Annal. Boj. L. 8, p.* 512.
m) *T. I, p.* 153.
n) *V. Meerman, t. II, p.* 14.

Gutenberg paroît alors avoir transféré sa presse à la maison *Zum guten berg.* Tritheme atteste au moins qu'on y a imprimé. C'est aussi l'opinion du Prof. Dürr, dans une lettre écrite à Heinecke *o*); c'est peut-être alors, si ce n'a été durant la société, que Gutenberg a eu pour aide Jean Meydebach, dont parle un anonyme dans Serarius.

1459. Gutenberg passe un acte en faveur du couvent de Ste. Claire de Mayence *p*). Cet acte prouve clairement que Gutenberg avoit imprimé et publié des livres auparavant, qu'il en imprimoit et se proposoit d'en imprimer à l'avenir.

Faute de connoître ledit acte, Faust d'Aschaffenbourg et d'autres font passer Gutenberg à Strasbourg pour y exercer en secret l'art qu'il avoit appris de Faust à Mayence, et d'autres *q*) donnent Hans Gænsfleisch pour domestique de Jean Mentel, inventeur de la typographie, dont il révele le secret à Jean Gutenberg, homme riche. Il y en a qui trouvent cette année Gutenberg à Harlem; Wood l'y fait voyager de Strasbourg pour être là à point nommé. Marchand *r*) répete ce conte; et Schœpflin *s*) pensoit que Gutenberg pourroit bien avoir passé cette décade de sa vie à Harlem, d'où il seroit retourné à Mayence en 1465. Un écrivain anglois, Atkyns *t*), rapporte, sur la foi d'un manuscrit, que le roi Henri VI, qui régna

o) *V. Neue Nachr. p.* 241.
p) *V. Le Doc. N.° XI.*
q) *Schilter ad Kœnigshofen, p.* 444.
r) *Dans l'Hist. de l'impr. p.* 30.
s) *In Vind. typogr. p.* 93.
t) *In the Original and growth of printing, T. II.*

depuis 1423 jusqu'en 1461, envoya, de l'avis de Thomas Bourchier, Archevêque de Cantorbury, Robert Turnour et Caxton à Harlem, où Jean Cuthenberg venoit d'inventer l'imprimerie, pour tâcher de transférer cet art en Angleterre, et que ces missionnaires réussirent à débaucher Fréderic Corsellis, qui établit la premiere presse à Oxford avant qu'il n'y en eût dans aucun autre pays ou ville qu'à Harlem. Cette époque tomberoit entre 1454 et 1459. Il est prouvé cependant, pour le dire en passant, qu'il n'a jamais existé en Angleterre d'imprimeur appelé Fréderic Corsellis.

Notre Document N.° XI dissipe toutes ces ténebres. Meerman, sans en avoir connoissance, avoit déjà établi que Gutenberg n'étoit plus sorti de Mayence depuis 1455.

1460. Cette année parut le *Catholicon* de Jean de Balbis, de Genes, in-folio de 373 pages.

Il est appelé catholicon, c'est-à-dire universel, puisqu'il comprend une grammaire, une rhétorique et un dictionnaire. L'auteur étoit Dominicain et vivoit au XIIIe siecle. Il faut consulter sur cet ouvrage les auteurs cités par Panzer *u*), surtout Maittaire *v*), Marchand *x*) et Crevenna *y*). Schlegel z) a donné une dissertation particuliere *de Catholico*. On lit à la fin de l'ouvrage : *Immensas omnipotenti Deo patri et filio et spiritui sancto graciarum referimus*

u) *T. II, p.* 113.

v) *In Annalibus typogr. T. I, p.* 271.

x) *P.* 36.

y) *Dans son catalogue raisonné, T. III, p.* 33.

z) *In Prolusione prima de libris rarioribus Bibliothecae Heilsbrunnensis*, 4, 1772.

actiones, cum sequenti clausula finali : *Altissimi presidio cujus nutu infantium lingue fiunt diserte. Quique numero sepe parvulis revelat quod sapientibus celat. hic liber egregius. Catholicon. dominice incarnacionis annis m. cccc. lx. Alma in urbe maguntina nacionis inclite germanice. Quam Dei clementia tam alto ingenii lumine. donoque gratuito. ceteris terrarum nacionibus preferre. illustrareque dignatus est. non calami. stili aut penne suffragio, sed mira patronarum formarumque concordia proporcione ac modulo. impressus atque confectus est.*

Hinc tibi sancte pater etc.

Marchand et d'autres avoient cru que l'impression de cet ouvrage étoit de Faust et Schœffer, parce que le papier a la marque qui se trouve dans d'autres de leurs productions. Ils croyoient aussi que les caracteres étoient les leurs. Ils pouvoient ajouter que la formule finale *alma in urbe maguntina* etc. se retrouve à peu près de même dans leurs éditions. Schwarz *a*) l'attribue à Gutenberg ; il observe qu'il pouvoit se servir du même papier; il nie que le type soit le même que celui de ces deux imprimeurs, lesquels pourroient bien avoir adopté en partie la formule finale. Meerman *b*) est du même avis, mais il revient à son idée des caracteres *sculpto-fusi*, qu'il croit être désignés par les termes *mira patronarum formarumque concordia ;* il ajoute que ni le nom de Faust et Schœffer, ni leurs armoiries, n'accompagnent ladite formule, laquelle d'ailleurs ils avoient

a) *In primis documentis de orig. typographiae*, 4. *Altorfi* 1740. *P.* 2, *p.* 12.

b) *T. II*, *p.* 95.

coutume d'éxprimer en couleur rouge; que le type du Catholicon est le même que celui du *Vocabularius latino-germanicus* de 1469, imprimé à Eltvil ou *Alta villa*, petite ville dépendante et voisine de Mayence, par Nicolas Bechtermünze, lequel paroît avoir acquis, en 1468, l'attirail typographique délaissé par Gutenberg; ce qui est d'autant plus croyable que l'Archevêque avoit défendu au Docteur Humery de vendre lesdits instrumens et presses à des étrangers. Voyez Doc. N.° IX. Cependant le rédacteur d'un article de la gazette de Jena *c*) prétend, que le type du Vocabulaire est bien semblable pour la forme à celui du Catholicon, mais qu'il est plus grand. Le cit. Fischer, sans adopter la singuliere idée de Meerman sur la nature des caracteres, tâche de prouver l'identité du type du Vocabulaire et du Catholicon; pour cet effet il a fait graver quelques lignes des deux ouvrages. Mais voilà que M. Zapf vient de m'avertir que ces calques lui ont fait reconnoître, que les mêmes types se trouvent dans *Augustinus, de vita christiana*, in-4.°, sans date, orné des armoiries de Faust et Schœffer. Dès lors le procès seroit jugé, et le Catholicon devroit avoir été imprimé par Faust et Schœffer avant 1467, à moins qu'on ne dise que lesdits caracteres aient été communs aux deux imprimeries de Gutenberg, et de Faust et Schœffer, ce qui est possible. Il se présente une autre difficulté. C'est que Laire *d*) produit une édition du Catholicon in-4.° avec la signature suivante: *Presens hoc opusculum non stili aut penne suffragio, sed nova artificiosaque invencione qua-*

---

c) *Jenaische Litter. Zeitung*, 1789. *N.°* 167.
d) *In Indic. I. p.* 59. *V. Panzer. T. II, p.* 117.

dam ad eusebiam Dei industrie per Henricum Bechtermüntze pie memorie in Altavilla est inchoatum et demum sub anno dni mccccclxvij. ipso die Leonardi confessoris qui fuit quarta die mensis Novembris per Nicolaum Bechtermüntze fratrem dicti Henrici et Wigandum Spyes de Othenberg est consummatum. Il paroît par là que les Bechtermünze avoient déjà imprimé en 1467. Resteroit à savoir si ce dernier Catholicon a le même type que le *Vocabularius*, ou si Gutenberg n'est pas mort une année plutôt, ou s'il n'avoit pas vendu de son vivant une partie de ses caracteres aux imprimeurs d'Eltvil.

Nous laissons aux personnes, qui ont occasion d'examiner et de confronter tous ces ouvrages, à tirer la chose au clair.

De la décision de cette question dépend une autre, savoir s'il convient d'attribuer à Gutenberg quelques autres ouvrages sans date imprimés avec les mêmes caracteres que le Catholicon; tels sont *e*):

Matthei de Cracovia tractatus, seu dialogus racionis et consciencie de sumpcione pabuli salutiferi corporis domini nostri ihesu christi; in-4.° en 22 feuilles.

Thome de Aquino summa de articulis fidei et ecclesie sacramentis. in-4.° en 13 feuilles.

Statuta provincialia antiqua et nova Mogun-

e) *V. Panzer. T. II, p. 137.*

tina. Antiqua Petri ab ann. 1310. *Nova Theodorici ab anno* 1451; in-4.°

1462. Gutenberg imprime les lettres patentes de Thierry d'Isenbourg, Archevêque de Mayence, qui refusoit de céder sa place à Adolphe son antagoniste, sous le titre : *Diethers Churfürsten zu Maynz Schrifft wider Graf Adolphen zu Nassau* (in-folio en 4 feuilles, sans date). On lit à la fin : *geben zu Höchst vnter vnserm vffgedruckten Insiegel am Dienstag nach dem Sonntag Letare an. D. mccccclxij f*).

Würdtwein communiqua à Meerman *g*) et à Heinecke *h*) un extrait de ces patentes. Lehman *i*) en parle aussi, sans nommer l'imprimeur.

Il existe aussi une édition latine de ce document, portant le titre suivant : *Dietheri Electoris et Archiepiscopi moguntini manifestum sive scriptum apologeticum adversus Adolphum Comitem Nassovium aliosque adversarios anno mccccclxij die martis post dominicam letare datum*; in-fol. en 4 feuilles.

Schwartz assure l'avoir vue *k*).

Wolfgang Crüger *l*) rapporte, qu'en Novembre

---

f) *V. Zapf. p.* 30. *Würdtwein, p.* 80.

g) *T. I, p.* 139.

h) *V. Neue Nachr. p.* 242.

i) *In Speirer Chronik.* 8 *Buch, kap.* 105.

k) *L. c. p.* 15. *Voyez aussi de Murr, Merkwürdigkeiten der Stadt Nurnberg.* 8. *Nürnb.* 1778, *p.* 705; *et Journal zur Kunst-Geschichte,* 14 *Theil,* 8. 1787, *p.* 107.

l) *In Catal. von Kaysern u. Kœnigen; Erfurt* 1627.

de cette année mourut Guttenberg, inventeur de la typographie. Un anonyme Espagnol, cité par Meerman *m*), dit que Pierre Fust a été tué à la prise de Mayence. Ces rapports sont faux l'un et l'autre; Faust, mal nommé Pierre, comparoît encore comme imprimeur en 1466 *n*), et Gutenberg vécut peut-être encore jusqu'en 1468.

Meerman pense que ce pourroit être le Jean Gænsfleisch senior; mais celui-ci est mort en 1468, et a été enterré dans la chapelle des Chartreux de Mayence, ce que m'apprend le citoyen Bodman.

1465. Gutenberg est honoré par l'Archevêque Adolphe, d'une distinction que son génie et ses travaux lui avoient méritée. Il fut reçu parmi les gens nobles de sa cour, avec habillement, pension, privilege et exemtions. Les lettres de concession de l'Archevêque sont datées d'Eltvil, le jeudi après la S. Antoine 1465. Elles se trouvent dans Joannis *nn*).

1466. Une *Grammatica rhythmica* est sortie cette année d'une presse de Mayence.

Elle porte une date énigmatique, dans laquelle l'imprimeur est nommé *Johannes*. Il est douteux s'il faut entendre Faust ou Gutenberg *o*). Une semblable date énigmatique de 1468 se trouve à la fin d'un autre petit livre intitulé : *Rudimenta grammatice*. Panzer *p*) ne sait s'il ne faut pas aussi l'attribuer à Gutenberg;

m) *T. II*, *p.* 163.

n) *V. Panzer*, *T. II*, *p.* 116.

nn) *Au T. III*, *p.* 424. *Marchand*, *P. II*, *p.* 13. *Kœhler*, *p.* 100 *sq.*

o) *V. Panzer*, *Vol. II*, *p.* 116. *Denis supplem. p.* 1 *sq. Würdtwein*, *p.* 86 *sq. Laire*, *T. I*, *p.* 62. *Zapf. p.* 38.

p) *V. Vol. II*, *p.* 118.

mais il assure que le caractere de ce dernier livre est celui de Faust, employé sans doute encore après sa mort.

1468. Gutenberg doit être mort (s'il ne l'a pas déjà été l'année précédente) avant la fin de Février de cette année, puisque la lettre de reconnoissance du Docteur Humery (Doc. N.° IX) est datée du vendredi après la S. Mathias. Il fut enterré à Mayence à l'église des Récollets. Adam Gelthus, d'une famille patricienne *q*), composa en son honneur l'épitaphe suivante *r*):

D. O. M. S.

JOANNI GENSZFLEISCH ARTIS IMPRESSORIE REPERTORI DE OMNI NATIONE ET LINGUA OPTIME MERITO IN NOMINIS SUI MEMORIAM IMMORTALEM ADAM GELTHUS POSUIT.

Meerman, fidele à son hypothese, prétend faussement, que c'est à Gænsfleisch, frere aîné, que Gelthus avoit destiné ce monument; par-contre il remarque fort bien *s*), que Gelthus a été de la parenté des Gænsfleisch, et qu'il faut lire dans les Vindiciae typogr. *t*) *miner vettern Ort Gelthus*, au lieu de *Artgelt Huss*.

Une autre inscription sépulchrale a été placée pour Gutenberg, quarante ans après sa mort,

---

q) *Cf. Joannis, T. III, p.* 454.

r) *Elle se trouve à la fin de la* Memoria Marsilii ab Inghen. 4. *Heidelb.* 1499.

s) *V. T. I, p.* 167.

t) *P.* 4. *Docum.*

par Ivo Wittich, Docteur et Professeur de droit à Mayence et Assesseur de la chambre Impériale, dans l'école de droit, qui avoit été autrefois la maison dite *zum Gutenberg*.

Dans cette inscription on lui attribue l'invention des caracteres de bronze; la voici telle qu'elle est rapportée par Serarius:

IO. GUTENBERGENSI MOGUNTINO QUI PRIMUS LITERAS AERE IMPRIMENDAS INVENIT HAC ARTE DE ORBE TOTO BENE MERENTI IVO WITIGISIS HOC SAXUM PRO MONIMENTO POSUIT. MDVIII.

Enfin on lit dans le dictionnaire historique Allemand de Hoffmann, à l'article de Gutenberg, qu'il se trouvoit à Heidelberg l'épitaphe suivante:

HANS GUTENBERG IST MEIN NOM
DIE ERST TRUCKEREY BRACHT ICH NACH ROM
BITT VOR MEIN SEEL. GIBT DIR GOTT LOHN.
STARB 1514 AUF SANCT STEPHAN.

Il s'est glissé là une faute bien grossiere, car au lieu de *Hans Gutenberg* il faut lire *Hans von Lautenbach*, qui a été vraisemblablement un des aides de Sweinheim et Pannarz *u*).

Le portrait de Gutenberg se trouve à la Bibliotheque publique de la Commune de Strasbourg. On y conserve aussi l'original de l'enqnête mentionnée parmi les Documens N.° III. C'est un monument vraiment local.

---

u) *V. Chytraeus in Deliciis variorum itinerum; et Marchand*, p. 32.

TRADUCTION

Des passages Allemands insérés page 15.

Lorentz Beildeck a dit à Nicolas Dritzehn : feu votre frere a là-bas quatre pieces placées dans une presse; or Jean Gutenberg vous prie de les en ôter et de les mettre séparément au-dessus de la presse, alors on ne pourra voir ce que c'est.

... Item Conrad Sahspach a dit, qu'André Heilmann vint un jour le trouver dans la rue merciere, et lui dit : mon cher Conrad, voilà qu'André Dritzehn est mort; tu as fait les presses et tu sais de quoi il s'agit; va tirer les pieces de la presse et décompose-les, alors personne ne saura ce que c'est.

... Lorentz Beildeck a dit, que Jean Gutenberg l'envoya un jour auprès de Nicolas Dritzehn après la mort de son frere André, pour lui dire de ne montrer à personne la presse qu'il avoit entre les mains, ce que ce témoin fit aussi, et il le pria de plus de se donner la peine d'aller à la presse pour l'ouvrir avec les deux vis, qu'alors les pieces tomberoient en séparation; qu'il n'auroit qu'à mettre ces pieces (décomposées) au-dedans ou au-dessus de la presse, qu'alors personne ne pourroit y rien voir ni deviner ..

Ce témoin a dit encore, qu'il savoit bien que Gutenberg avoit envoyé peu avant Noël son valet auprès des deux André (Heilmann et Dritzehn), pour chercher toutes les formes, et que là elles furent décomposées devant ses yeux parce qu'il y avoit quelques formes dont il n'étoit point content...

Après cela André étant mort, et ce témoin sachant

que les gens étoient curieux de voir la presse, Gutenberg leur dit d'envoyer à la presse, de crainte qu'on ne la vît; il y envoya donc son valet pour décomposer (les formes)...

Item Jean Dunne, l'orfevre, a dit, qu'il y avoit trois ans environ que Gutenberg lui avoit fait gagner près de trois cents florins, rien que pour des choses qui regardent l'imprimerie. . .

Et page 17.

De plus, André Dritzehn s'étoit rendu caution en beaucoup d'endroits pour du plomb et autres choses y appartenantes, et qu'il en avoit soldé le paiement.

FIN.

STRASBOURG, de l'imprimerie de LEVRAULT.

www.ingramcontent.com/pod-product-compliance
Ingram Content Group UK Ltd.
Pitfield, Milton Keynes, MK11 3LW, UK
UKHW020957220726
13924UKWH00002B/740